1. Which game studio developed Among us?

O   Epic games

O   Mojang

O   ID

O   Innersloth

2. Where can impostors hide and quickly switch from one place to another?

O   lift

O   vents

O   transport trolley

O   mail trolley

3. Which room does not exist on the map The Skeld?

O   Lower Engine

O   Reactor

O   Storage

O   Cafeteria

4. Which room does exist on the map The Skeld?

O   Navigation

O   Balcony

O   Office

O   Laboratory

4

Ricky Roogle

SUPER QUIZ BOOK

for Am@ng.us Fans

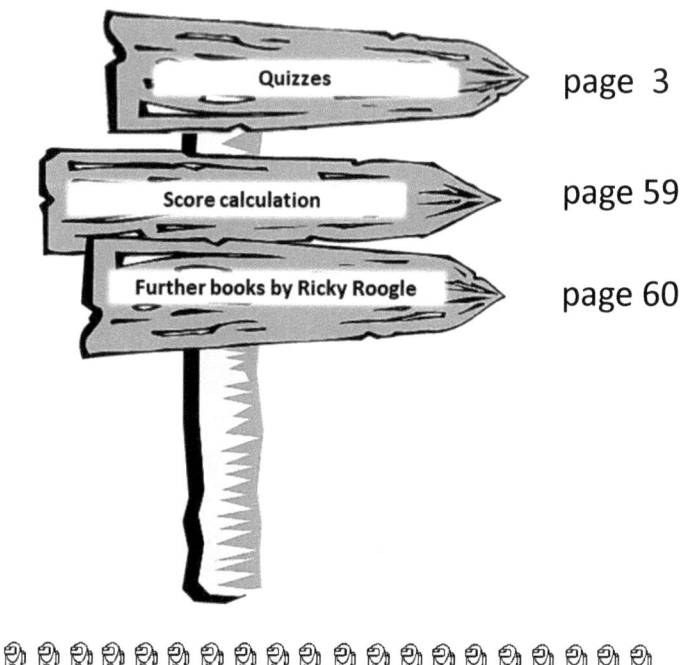

Bibliografische Information der Deutschen Nationalbibliothek:
Die Deutsche Nationalbibliothek verzeichnet diese Publikation in der
Deutschen Nationalbibliografie; detaillierte bibliografische
Daten sind im Internet über http://dnb.dnb.de abrufbar.

© 2021 Ricky Roogle; 1. Auflage
Covergraphic, text & illustrations © 2021 Ricky Roogle
contact author: ricky.roogle@t-online.de

Herstellung und Verlag: BoD – Books on Demand, Norderstedt
ISBN: 9783752658255

5. Which room in The Skeld is known as the most dangerous for crewmates?

O   Shields

O   MedBay

O   Weapons

O   Electrical

6. What is Among us?

O 3D multiplayer sandbox game where you can build things with self-made materials.

O 3D multiplayer survival fight for up to 100 players.

O Online multiplayer deduction game.

O Jump & Run Platformer for 10 crewmates to participate at the same time.

7. What is the minimum number of players in Among us?

O   2 players

O   4 players

O   6 players

O   8 players

8. Where does Among us take place?

O   in a town

O   in a train

O   in space

O   in a cave

9. Which of the following terms is no map in Among us?

O   The Skeld

O   Polus

O   Conda

O   Mira HQ

10. How long does it take to complete a scan?

O   60 seconds

O   45 seconds

O   30 seconds

O   15 seconds

11. Which room does not exist on Mira HQ?

O O2

O Admin

O Cafeteria

O Launchpad

12. Which room does exist on Mira HQ?

O Electrical

O Lower Engine

O Greenhouse

O Dropship

8

13. Which pet does not exist in Among us?

O   Ufo

O   Dog

O   Cat

O   Hamster

14. What hat does not exist in Among us?

O   Astronaut

O   Robin Hood

O   Captain

O   Military

15. Which task is not correctly assigned to the map?

O   Mira HQ   ----   Assemble Artifact

O   The Skeld   ----   Calibrate Distributor

O   Polus   ----   Align Telescope

O   Mira HQ   ----   Align Engine Output

16. Where, amongst other things, do you carry out the task watering of plants?

O   Storage

O   Balcony

O   Cafeteria

O   Outside

10

17. Where, does one carry out the task Align Telescope?

O   Cafeteria

O   Laboratory

O   O2

O   Storage

18. Which room does not exist on Polus?

O   Admin

O   Electrical

O   Medbay

O   O2

19. What is the name of the game on which the gameplay of Among us is based on?

O Mafia

O Fortnite

O Minecraft

O Call of duty

20. How many maps are existing in Among us (Dec 2020)?

O 1 map

O 2 maps

O 3 maps

O 4 maps

21. Where, does one carry out the task Measure Weather?

O   Laboratory

O   Outside

O   Balcony

O   Greenhouse

22. Which task is not correctly assigned to the map?

O   Polus   ----   Fix Wiring

O   Polus   ----   Run Diagnostics

O   Polus   ----   Fuel Engines

O   Polus   ----   Insert keys

13

23. Which costume does not exist in Among us?

O   Wall Guard

O   Sommer

O   Winter

O   Hazmat

24. Which player color does not exist in Among us?

O   red

O   grey

O   black

O   blue

25. When should an Emergency Meeting be convened?

O   Power generation does not work.

O   The reactor is leaking.

O   A dead body was found.

O   There is no such thing as an Emergency Meeting.

26. Where, does one carry out the task Sort Samples?

O   Greenhouse

O   Shields

O   MedBay

O   Laboratoy

27. Which room does not exist on map of The Skeld?

O Weapons

O Launchpad

O Shields

O Security

28. Which room does exist on Mira HQ?

O Electrical

O Security

O Weapons

O Balcony

29. Which room does exist on Polus?

O   Higher Engine

O   Locker Room

O   Dropship

O   Shields

30. Who or what is called "Sus" in Among us?

O   Emergency Meeting

O   Vote

O   Suspicious crewmate

O   Impostor

31. Which task is not correctly assigned to the map?

O The Skeld ---- Chart Course

O The Skeld ---- Clear Asteroids

O The Skeld ---- Repair Drill

O The Skeld ---- Clean O2 Filter

32. Which pet does not exist in Among us?

O Mini Crewmate

O Henry

O Jim

O Ellie

33. Where, does one carry out the task Stabilization Steering?

O   Admin

O   Navigation

O   Shields

O   Electrical

34. Which room does not exist on Mira HQ?

O   Storage

O   Reactor

O   Security

O   Greenhouse

35. Which room does exist on Polus?

O   Boiler

O   Navigation

O   Greenhouse

O   Locker Room

36. What does a crewmate or impostor transform into after death?

O   Pet

O   Statue

O   Ghost

O   Energy

37. Which room does not exist on map The Skeld?

O   Locker Room

O   MedBay

O   Admin

O   O2

38. Where, does one carry out the task Buy Beverage?

O   Greenhouse

O   Navigation

O   Cafeteria

O   Dropship

39. Where, does one carry out the task Assemble Artifact?

O   Weapons

O   Laboratory

O   Storage

O   Reactor

40. Where, among other places, do you carry out the task Start Reactor?

O   Lower Engine

O   Upper Engine

O   Specimen Room

O   Boiler Room

41. Which hat does not exist in Among us?

O   Tree

O   Paper

O   Party

O   Security

42. What else can dead crewmates do?

O   Take part in votes.

O   Work through their tasks.

O   Call an Emergency Meeting.

O   Walk through walls.

43. Where, does one carry out the task Empty Chute?

O Storage

O Reactor

O Cafeteria

O Laboratory

44. Where, does one carry out the task Enter Id Code?

O Laboratory

O Reactor

O Admin

O Navigation

24

45. Which task is not correctly assigned to the map?

O Mira HQ ---- Buy Beverage

O Mira HQ ---- Assemble Artifact

O Mira HQ ---- Stabilize Steering

O Mira HQ ---- Sort Samples

46. Which room does not exist on Polus?

O Communication

O Balcony

O Dropship

O Storage

47. What is the name of the spaceship in Among us?

O The Skeld

O HQ

O The Vent

O Mira Id

48. Where, amongst other things, does one carry out the task Swipe Card?

O Office

O Laboratory

O Admin

O MedBay

49. Where, amongst other things, do you carry out the task Empty Garbage?

O Balcony

O Greenhouse

O Storage

O Dropship

50. What does an imposter use the vents for?

O Make the weapon disappear inspicuously.

O As a means of information.

O Unobtrusively approach the crewmates.

O Transport of secret documents.

51. Which fake tasks do not exist in The Skeld?

O Empty Garbage

O Clear Chute

O Measure Temperature

O Clear Asteroids

52. What can an imposter do to sabotage?

O Block the ventilation duct.

O Flood the greenhouse.

O Lock doors.

O Power overload in Upper Engine.

53. Which task is not correctly assigned to the map?

O   Polus   ----   Open Water ways

O   The Skeld   ----   Reboot Wifi

O   Mira HQ   ----   Submit scan

O   Polus   ----   Swipe Card

54. Where do you carry out the task Process Data?

O   Navigation

O   Communications

O   Laboratory

O   Office

55. Where, amongst other things, do you carry out the task Clear Asteroids?

O Dropship

O Laboratory

O Weapons

O Greenhouse

56. Which room does exist on Mira HQ?

O Boiler

O Launchpad

O Shields

O Specimen

57. Which year was Among us released?

O 2014

O 2016

O 2018

O 2020

58. Which room does exist on map The Skeld?

O Observatory

O Kitchen

O Locker Room

O Reactor

31

59. Where, amongst other things, do you carry out the task Chart Course?

O   Dropship

O   Electrical

O   Reactor

O   MedBay

60. Which task is not correctly assigned to the map?

O   Mira HQ   ----   Upload Data

O   Mira HQ   ----   Water Plants

O   Mira HQ   ----   Unlock Manifolds

O   Mira HQ   ----   Start Reactor

61. Which player color does not exist in Among us?

O brown

O orange

O dark red

O red

62. Which costume does not exist in Among us?

O Archaeologist

O Pharao

O Miner

O Landing

63. Which hat does not exist in Among us?

O   Banana

O   BearEars

O   Cheese

O   Cook

64. Where do you carry out the task Open Water Ways?

O   Reactor

O   Boiler Room

O   Greenhouse

O   Lower Engine

65. What are the names of the two teams in Among us?

O Murders and Crewmates

O Fraudsters and Crewmates

O Impostors and Crewmates

O Crewmates and Detectives

66. How many wires do you have to connect to each other in the task Fixing Wiring?

O 2

O 4

O 6

O 8

67. Which room does exist on map The Skeld?

O Boiler

O Upper Engine

O Dropship

O Laboratory

68. Which room does exist on map Mira HQ?

O Locker Room

O Upper Engine

O O2

O Security

69. Where, amongst other things, do you carry out the task Fuel Engines?

O Dropship

O Admin

O Laboratory

O Launchpad

70. Where is the task Insert Keys carried out?

O Dropship

O Admin

O Medbay

O Storage

71. When, amongst other things, the impostor has won?

O He could fulfill all tasks.

O He sabotaged every crew member.

O There are as many crewmates left alive as impostors.

O He was elected as winner by the crew members.

72. Which hat does not exist in Among us?

O Flower

O Devil Horns

O Fork

O Knife

73. What kind of game is Among us?

O Ego Shooter

O Boardgame

O Multiplayer Game

O Single Player Game

74. Which fake tasks do not exist in The Skeld?

O Clear Chute

O Prime Shield

O Submit Scan

O Buy Beverage

75. Which task is not correctly assigned to the map?

O   The Skeld   ----   Divert Power

O   The Skeld   ----   Sort Samples

O   The Skeld   ----   Empty Chute

O   The Skeld   ----   Empty Garbage

76. Where do you carry out the task Scan Boarding?

O   Reactor

O   Navigation

O   Communications

O   Office

77. Which room does exist on Polus?

O   Electrical

O   Specimen

O   Lower Engine

O   Reactor

78. Which map is the biggest map in Among us?

O   The Skeld

O   Bolo

O   Polus

O   Mira HQ

41

79. Which hat does not exist in Among us?

O Cat Head

O Bat Wings

O Pumpkin

O Eagle Wings

80. Which costume does not exist in Among us?

O Pilot

O Landing

O Hazmat

O Wall Guard

79.) Eagle Wings 80.) Pilot

81. When, amongst other things, the crewmates can win?

O   When they discovered sabotage and fixed it.

O   When they have reached 100 points.

O   When they have done all their tasks.

O   If there are less impostors than crewmates.

82. When, amongst other things, the impostor can win?

O   If he successfully sabotages the launchpad.

O   When he switches off the energy supply to the laboratory.

O   When he successfully sabotaged water production.

O   When he sabotaged the oxygen supply.

83. What does „Oxygen depleted in 30 seconds" mean?

O The crew members have to repair the greenhouse.

O The impostor could win.

O An emergency meeting must be called.

84. Which pet does not exist in Among us?

O Robot

O Lion

O Squiq

O Brainslug

85. Which task is not correctly assigned to the map?

O   Polus ----   Empty Garbage

O   Polus ----   Enter Id Code

O   Polus ----   Fill Canisters

O   Polus ----   Fix Weather Node

86. Where, do you carry out the task Run diagnostics?

O   Office

O   Reactor

O   Launchpad

O   Specimen Room

45

87. Where, amongst other things, is the task Align Engine Output carried out?

O Lower Engine

O Electrical

O Reactor

O Admin

88. What do you clean the O2 filter (The Skeld) off?

O Stones

O Mud

O Paper

O Leaves

89. Which of the rooms have no empty chute/ garbage options?

O Cafeteria

O Storage

O Reactor

90. In which room do you have to swipe a card?

O Cafeteria

O Navigation

O Admin

O Greenhouse

91. What is the maximum number of impostors in a game?

O 1

O 2

O 3

O 4

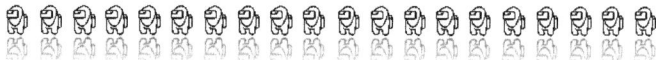

92. Which room does exist on the map of The Skeld?

O Decontamination

O Specimen

O Cafeteria

O Office

93. Which room does not exist on Polus?

O Laboratory

O Weapons

O Office

O Reactor

94. Where, amongst other things, do you carry out the task Clean O2 Filter?

O Electrical

O Greenhouse

O Laboratory

O Office

49

95. Which hat does not exist in Among us?

O Vampire Head

O Flower

O Knight

O Hockey Mask

96. How many players can be sentenced to disposal through the outer lock in an Emergency Meeting?

O 1

O 2

O 3

O 4

97. Who can only perform fake tasks?

O   Crew members who are ghosts

O   Pets

O   Impostors

O   Normal Crewmates

98. How can a crew member notice that someone is approaching through a ventilation shaft?

O   The radar shows it.

O   The pet begins to get restless.

O   There is a noise when the vent is used.

O   Not at all.

99. Where do you carry out the task Fill Canisters?

O Reactor

O O2

O Storage

O Boiler Room

100. Which room does exist on Polus?

O Launchpad

O Balcony

O MedBay

O Security

101. How many downloads did Among us achieve in 2020?

O   over 1 million

O   over 10 millions

O   over 100 millions

O   over 1 billion

102. Which wire color does not have to be connected to fulfil the task Fixing Wiring?

O   red

O   blue

O   green

O   yellow

103. What is the maximum number of players in a game?

O 4

O 12

O 8

O 10

104. Where, amongst other things, do you carry out the task Fix Weather node?

O O2

O Balcony

O Outside

O Navigation

103) 10 104) Outside

105. The tasks which you carry out in Among us are always carried out in the same time.

O   right

O   wrong

106. After a kill, the impostor can immediately kill the next crew member?

O   Yes.

O   After the kill there is a countdown. Only after this has expired, the next member can be dealt with.

the next member can be dealt with.
106.) After the kill there is a countdown. Only after this has expired,
105.) wrong

55

107. What do you have to do in the task Divert Power?

O   Connect power cables correctly.

O   Redirect energy.

O   Recharge energy.

O   Interrupt energy barrier.

108. What do you have to do in the task Chart Course?

O   Update navigation map.

O   Place pointer.

O   Upload navigation data.

O   Calibrate the controller.

109. What do you have to do in the task Empty Garbage?

O   Move a lever.

O   Press a button.

O   Operate a slider.

O   Calibrate a level indicator.

110. What do you have to do in the task Upload Data?

O   First download and then upload a file.

O   Upload only one file.

O   First download and then upload two files.

O   Upload only two files.

111. What do you have to consider when performing the task Swipe Card?

O   It has to be pulled the right way around.

O   It has to be pulled through in the right speed.

O   It must be pulled through within 3 seconds.

112. What do you have to do in the task Sort Samples?

O   Sort 4 items into two boxes.

O   Sort 6 items into three boxes.

O   Sort 8 items into four boxes.

O   Sort 10 items into five boxes.

Solutions and score calculation

For every correctly and completely answered question there is one point. The maximum number of points that can be achieved is 112 points with 112 questions. You can always find the answers to the questions at the bottom of every page.

Then add up your points:

to 30 points:
-> Beginner

31 to 75 points:
-> Advanced

76 to 89 points:
-> Expert

90 and more points:
-> Super Among us Expert